LE BONHEUR EST DANS LA TÊTE !

Editions EB BUSSIÈRE

34, Rue Saint-Jacques

75005 Paris

Pour ma chérie,
merci pour ton aide et ton
encouragement ♡
BE HAPPY !!!

ISBN : 978 285090 642 8

C'est quel jour ?
C'est aujourd'hui,
mon jour préféré !!!

« UN VOYAGE DE MILLE LIEUES COMMENCE
TOUJOURS PAR UN PREMIER PAS »

(Lao Tseu - sage chinois)

À MÉDITER.....

« On passe sa vie à se préoccuper de
l'idée que le bonheur se trouvera avec
le nouvel emploi, dans la nouvelle
maison, avec la nouvelle personne dans
sa vie, quand viendra l'été, quand on
aura maigri, quand on sera riche...
Le bonheur ne sera jamais là où tu te
trouves, tant
que tu n'auras pas rejeté l'idée
qu'il se trouve ailleurs ».

INTRODUCTION

Que veut dire « Le Bonheur est dans la Tête » ?

Tout simplement que nos pensées sont dans notre tête et que ce sont nos pensées qu'il faut gérer et maîtriser pour se sentir bien.

C'est aussi simple que ça !!

Bon, je dis **simple**, mais je n'ai pas dit **facile** ! Il faut quand même s'entraîner un petit peu et dans ce livre je vous donne des astuces, des conseils et des méthodes pour y arriver, en somme du bon sens !

Rien de difficile, juste une autre façon de voir le monde et de se voir soi-même. Une autre façon de vivre dès maintenant... avec le sourire.

Être heureux ne signifie pas que tout est parfait, cela signifie que vous avez décidé de regarder au-delà des imperfections et ça, ça se passe DANS LA TÊTE !!

Bien sûr que vous avez peut-être un travail qui ne vous plaît pas, un compagnon ou une compagne qui vous a fait du mal, vous n'avez pas assez d'argent, bref, la liste est longue...

Mais il y a aussi des choses qui vont bien dans votre vie, si, si ! Il faut les trouver et il faut se **focaliser** dessus, c'est comme ça qu'on commence à se sentir mieux, moins stressé et moins désespéré. Je vous assure que ça marche !

Il faut savoir que :

SI ON NE CHANGE RIEN

RIEN NE CHANGE

Commençons par nos pensées !

N'ayez pas peur d'embarquer sur une nouvelle façon de vivre.

Rappelez-vous : des amateurs ont construit l'Arche et les professionnels ont construit le Titanic....

La plupart des gens ne font qu'EXISTER, mais vous, vous allez V I V R E !!

IMPOSSIBLE
N'EST PAS POSSIBLE

Vous trouverez tout au long du livre des affirmations, mais libre à vous d'en créer pour vous-même. Quelle est la définition d'une affirmation ?

C'est une phrase très simple, très courte et surtout POSITIVE dans laquelle vous exprimez ce que vous voulez faire, devenir, avoir, sentir ou être.

Une affirmation doit être répétée souvent, dans la tête, à voix haute, peu importe, **pour y croire.**

Je vous souhaite de vous amuser, de vous détendre et surtout de sourire en lisant ce livre et surtout, surtout, je vous souhaite beaucoup, beaucoup de bonheur !!!

VOUS AVEZ LE CHOIX !

COMMENT ÊTRE HEUREUX ?

1

MES PENSÉES

Nos pensées nous appartiennent

Oui, nos pensées nous appartiennent et rien d'autre... réfléchissez, rien ne nous appartient, on peut **tout** nous prendre (même la vie), **sauf** nos pensées. On peut essayer de les « influencer » ou les « diriger », mais en fin de compte c'est vous qui choisissez.

Aujourd'hui, j'aimerais qu'on essaie de mieux maîtriser nos pensées. Il n'y a pas besoin de faire un gros effort pour basculer une seule petite pensée négative en pensée positive et on peut le faire n'importe quand et n'importe où.

Lorsque vous sentez que vos pensées vont un peu partout, qu'elles soient négatives, arrêtez-vous **net** et concentrez-vous sur le présent, concentrez-vous avec force sur ce que vous êtes en train de faire.

C'est ce qui s'appelle la Pleine Conscience, c'est à dire, se concentrer pleinement sur le présent.

Faites une petite expérience au volant — quand on conduit, on le fait automatiquement, on change de vitesses, on freine... maintenant essayez de vous concentrer sur chacune de vos actions, parlez à voix haute si c'est plus facile... j'enlève le frein à main, j'appuie sur l'embrayage, je passe la première, je regarde dans le rétroviseur, je démarre......Vous sentez la différence ? En faisant ainsi, vous ne pensez à rien sauf conduire. Ou bien si vous ne conduisez pas, faites la même chose sur un trajet habituel, tout le monde sait que des fois on va de A à B et finalement on ne se rappelle de rien, il y a un blanc dans la mémoire, nos pensées étaient ailleurs...

C'est presque le même principe que la méditation, il faut se concentrer. Au début il se peut que ce soit un peu difficile, peut-être même très difficile, de penser à des choses positives quand on a des problèmes, mais tout s'apprend. On s'entraîne, on pratique et tout devient de plus en plus facile, on ne devient pas un grand sportif en une journée ! On n'a pas besoin de combattre une pensée négative, on la laisse venir, on la laisse passer et on pense à quelque chose de bien plus agréable. Il faut chercher dans ses souvenirs, penser à quelqu'un qu'on aime, les dernières vacances, les prochaines vacances, le dernier fou rire, regarder quelque chose de joli... et alors tout d'un coup on sourit !!! Pas vrai ??

Si vous avez la sensation dans vous de ne pas vous sentir bien, **arrêtez-vous**, il y a une raison pour ce mal-être.

Et puis, pensez à quelque chose de désirable, de beau, de doux et dès que vous faites ça, le négatif est remplacé par le positif — vous avez fait PIVOTER vos pensées !!

VOUS AVEZ LE CHOIX

Si vous vous sentez bien, c'est grâce à vous, si vous souffrez, c'est aussi « grâce » à vous. Vous êtes votre propre enfer et votre propre paradis — c'est votre responsabilité à vous, et uniquement vous — prenez la bonne direction....

D'autres genres de pensées qui nous gâchent nos journées sont les « soucis » — on s'inquiète pour tout, tout, tout et n'importe quoi... Oh, mon Dieu, je suis encore en débit à la banque... ET SI je ne peux pas payer la facture d'eau... ET SI jamais je me fais licencier.... ET SI je tombe malade... ET SI je ne peux pas acheter le cadeau de Noël au petit... ET SI... ET SI... ET SI... Quand on pense trop, on crée des problèmes qui n'existaient même pas 10 minutes auparavant. On imagine des scénarios d'horreur, on se voit déjà dans la détresse, au fond du gouffre, on vit dans la peur de ce qui POURRAIT arriver... STOP !!!!!! Rien de cela n'est encore arrivé. Arrêtez de penser, arrêtez d'imaginer des choses négatives, effrayantes et déprimantes, on n'y est pas encore et on n'y sera peut-être jamais, pensez à autre chose, pensez à aujourd'hui,

Regardez le soleil qui brille,

Regardez de jolies images dans un magazine,

Buvez un bon petit café,

Ecoutez de la musique que vous aimez.

Regardez-vous dans le miroir et faites-vous un grand sourire ou un clin d'œil !

Ne vous inquiétez pas pour ce qui n'est pas encore arrivé ! Ne vous promenez pas avec un parapluie ouvert en attendant la pluie !

Les soucis sont comme un rocking-chair, ils vous occupent, mais vous n'avancez nulle part avec.

AFFIRMATION

AUJOURD'HUI,

JE DÉCIDE CE QUE JE PENSE

ASTUCE

Si vous vous sentez stressé ou dispersé dans votre tête, inspirez et expirez 5 fois en comptant vos respirations et détendez-vous.

2

LE MATIN ET LE SOIR

UNE PETITE PENSÉE
POSITIVE LE MATIN
POUR AVOIR
UNE BELLE JOURNÉE
ET DE BEAUX RÊVES LE SOIR POUR
PASSER UNE DOUCE NUIT

Quand on se réveille le matin, qu'est-ce qu'il se passe ? Pour beaucoup d'entre vous, il y a quelques secondes de retour au réveil et puis, comme un coup de masse, des pensées négatives viennent nous submerger. Rien de plus normal, rares sont les personnes qui se réveillent le matin avec un grand sourire aux lèvres, à moins qu'ils viennent de découvrir qu'ils ont gagné au loto !!!

On pense à tout ce qu'on a à faire, au travail, à tous les problèmes qu'on doit résoudre, bref, cinq minutes après notre réveil on est déjà de mauvaise humeur en pensant à la « dure » journée devant nous.....

Mais....... tout cela va changer !

Prenez 3 minutes le matin en vous réveillant, juste 3 minutes pour vous-même et votre bien-être, n'ouvrez pas les yeux et étirez-vous. Ignorez toutes les pensées au sujet de la journée à venir, on n'y est pas encore, vous êtes encore au lit. Pensez à quelque chose de beau, d'agréable, quelque chose qui vous fait chaud au cœur, un petit moment du passé, un baiser, une personne que vous aimez..... **et souriez** !!

Pensez à la chance que vous avez de pouvoir vous lever, de pouvoir voir, entendre, manger à votre faim, marcher.... Appréciez ce que vous avez au lieu de penser à ce que vous n'avez pas (encore !).

Prenez la décision que vous allez avoir une belle journée, que tout ira comme vous le voudrez. Dites-le-vous, dans votre tête ou à haute voix : **je vais avoir une belle journée, tout ira bien**..... Répétez-le encore et **souriez** !!!

Inspirez et expirez profondément et levez-vous avec énergie !

Et voilà ! C'est garanti, ça change la journée.

*Personne ne va se lever tous les matins en se dédiant à vous inspirer et à vous rendre la vie belle, il n'y a que **vous** qui puissiez le faire.*

AFFIRMATION

C'EST UNE NOUVELLE JOURNÉE
ET JE ME SENS BIEN !

La journée est terminée et vous êtes fatigué, mais que c'est bon de dormir, pendant quelques heures on oublie tout, on ne pense à rien...

Pour bien dormir et se reposer, il faut se mettre en condition pour le sommeil, comme un enfant à qui on lit une histoire juste avant d'aller au lit. Une petite routine marche toujours — une tisane, lire quelques pages d'un livre, un petit câlin... trouvez quelque chose qui vous détend.

On éteint la lumière et on ferme les yeux et c'est maintenant qu'il faut se consacrer quelques minutes ! Il y a deux super astuces que vous pouvez essayer.

Est-ce que vous avez déjà remarqué que votre visage est crispé ? Portez toute votre attention sur votre visage et détendez-le.... le front, les yeux, les joues, la bouche... c'est étonnant, non ? Et souriez !

Si vous en avez envie, faites pareil pour le corps entier.

En s'endormant, on a tendance à rabâcher la journée qu'on vient de passer. C'est très bien, mais même si la journée n'était pas super, il faut essayer de trouver au moins trois bonnes choses qui vous sont arrivées, un compliment que vous avez reçu ou donné, un sourire, un bisou de son enfant ou son partenaire, le bon repas qu'on a partagé, le soleil qui a brillé, le placard qu'on a rangé, le sport qu'on a fait...

Écartez toutes les pensées négatives ou les soucis, la journée est finie et demain n'est pas encore arrivé. Et demain est une nouvelle opportunité d'être encore plus heureux !

Et juste avant de dormir essayez le 4-8-8 - c'est-à-dire, inspirez profondément pendant 4 secondes, tenez votre souffle pendant 8 secondes et expirez pendant 8 secondes.

Faites ceci 3 fois et vous vous endormirez dans la détente !

DEMAIN

JE ME LÈVE DE BONHEUR !

AFFIRMATION

JE M'ENDORS EN PAIX

ET JE ME REPOSE

3

J'APPRÉCIE ET JE REMERCIE

J'APPRÉCIE ET JE LE DIS

ON PEUT TOUJOURS TROUVER QUELQUE CHOSE A APPRÉCIER DANS UNE JOURNÉE

Si vous regardez autour de vous et vous cherchez ce qui vous manque, vous n'aurez jamais assez, mais si vous regardez autour de vous et vous voyez ce que vous avez déjà et que vous l'appréciez, vous aurez toujours plus. La gratitude pour ce qu'on a déjà, donne un sentiment de bien-être, un sentiment de paix.

L'ATTITUDE DE LA GRATITUDE

Vous pouvez déjà commencer le matin en exprimant d'avance votre gratitude pour la journée qui va suivre. Tout le monde a eu des jours de maladie où on ne peut pas sortir du lit, on a la grippe, on a le dos coincé.... Alors il faut être reconnaissant qu'on peut se lever, qu'on est en pleine santé.

On peut avoir de la gratitude pour tout — c'est à vous de choisir. J'apprécie mon petit-déjeuner, j'apprécie mes enfants, je remercie mes amis, j'apprécie la technologie qui me permet de rester en contact avec tout le monde, j'aime ma voiture, j'adore mon chat, ma mère est super, elle me fait rire, j'ai de la chance, il y a des gens qui m'aiment !!

Je peux prendre une bonne douche chaude, je peux manger à ma faim, j'ai une machine à laver...

Bref, il y a toujours, toujours quelque chose qu'on peut apprécier et si vous ne trouvez pas quelque chose qui vous inspire, cherchez encore et encore, il y a forcément quelque chose quelque part.

MERCI !!!!!!!!! MERCI !!!!!!!!! MERCI !!!!!!!!!

Et vous verrez, en appréciant, en exprimant de la gratitude, vous serez plus heureux, plus détendu, et plus souriant. Votre entourage appréciera et ce sera comme un effet domino parce que plus vous êtes heureux, plus vous pourriez rendre votre entourage heureux. Et souvenez-vous de la sensation de bonheur qu'on a lorsque quelqu'un vous remercie pour quelque chose, lorsqu'on vous dit « merci » ou « j'apprécie. » Faites pareil aux autres, exprimez votre gratitude et votre appréciation.

Exercez votre choix d'être heureux **parce que vous avez le choix.**

Commencez aujourd'hui ! Il n'y aura jamais plus un autre moment aussi parfait que maintenant !!

Petite astuce : Prenez un petit cahier et notez ce que vous appréciez, commencez par 5 choses et puis augmenter la liste de jour en jour. Rappelez-vous — si votre nourriture est dans un frigo et vos vêtements dans une armoire, si vous avez un toit et un lit, vous êtes déjà plus riche que 75 % de la population mondiale.

AFFIRMATION

J'APPRÈCIE CHAQUE MOMENT DE LA JOURNÉE !

À MÉDITER

LA SENSATION D'ÊTRE HEUREUX OU MALHEUREUX DÉPEND RAREMENT DE NOTRE ÉTAT DANS L'ABSOLU, MAIS DE NOTRE PERCEPTION DE LA SITUATION, DE NOTRE CAPACITÉ À NOUS SATISFAIRE DE CE QUE NOUS AVONS.

Dalaï-Lama

4

JE RÊVE DE TOUT ET DE N'IMPORTE QUOI

Ahhhhh, des rêves éveillés, ce sont les meilleurs, on peut imaginer un tas de choses, on peut diriger le rêve là où on voudrait qu'il aille !

La vie est ainsi, on vit par rapport à ce qui nous entoure, on est conscient de tout ce qu'on voit, les odeurs, la météo, les gens autour de nous...

À MÉDITER

Les bateaux ne coulent pas à cause de l'eau autour d'eux, ils coulent à cause de l'eau qui rentre — ne laissez pas ce qu'il y a l'extérieur rentrer en vous et faire le poids qui va vous couler.

Prenez 5, 10, 15 minutes de temps en temps, mettez-vous à l'aise, assis ou couché, peu importe, et faites un joli rêve éveillé, imaginez la vie que vous aimeriez avoir.

L'imagination est très puissante, si vous imaginez des scénarios remplis de bonheur, votre corps va se détendre, il ne sait pas si vous êtes vraiment sur la belle plage ou pas. Il sent juste le bonheur qui l'envahit ! Et avec un petit effort, on peut sentir la chaleur, le sable, entendre le bruit des vagues, la bonne sensation du bonheur qui nous enveloppe....

Racontez-vous l'histoire de la vie que vous aimeriez avoir, c'est là le bonheur, la positivité, la joie. Lorsque vous pensez à quelque chose, n'importe quoi, vous sentez si la pensée vous donne une sensation de bien-être ou pas.

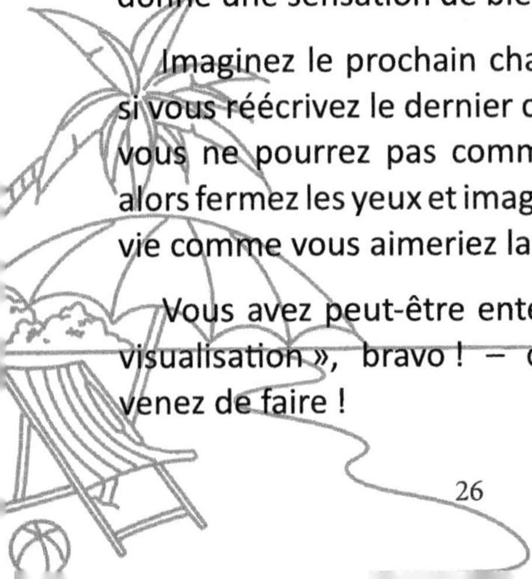

Imaginez le prochain chapitre de votre vie, si vous réécrivez le dernier chapitre sans cesse, vous ne pourrez pas commencer le prochain alors fermez les yeux et imaginez, rêvez de votre vie comme vous aimeriez la voir et l'avoir...

Vous avez peut-être entendu parler de « la visualisation », bravo ! – c'est ce que vous venez de faire !

Ou plutôt la VISUALISATION POSITIVE !

Depuis toujours les sportifs de haut niveau utilisent cette technique afin d'améliorer leurs performances et leur concentration. En fait ils se visualisent en train de gagner.

Beaucoup de célébrités ont « visualisé » leurs succès et leur notoriété et disent souvent « je vis mon rêve de toujours ».

Et c'est exactement cela, ils ont rêvé/ visualisé leur vie, ils ont senti, vu, ce qu'ils imaginaient, ils y étaient vraiment dans leurs têtes.

Visualisez autant que vous le désirez, mais seulement si ce faire vous procure une bonne sensation, une sensation de plaisir, de satisfaction, peu importe le sujet de votre film mental.

ASTUCE

Visualiser un évènement qui aura lieu demain ou dans les prochains jours et qui vous inquiète, un rendez-vous un un entretien et racontez l'événement dans votre tête comme vous aimeriez que cela se passe. Et répétez l'histoire encore et encore jusqu'à ce que vous y croyez... vous vous sentez mieux déjà ???

AFFIRMATION

JE FAIS DE MA VIE LA PLUS BELLE VIE POSSIBLE !!

5

JE PLANIFIE AVEC PASSION

« VIVRE EST CE QU'IL Y A DE PLUS BEAU AU MONDE, LA PLUPART DES GENS EXISTENT C'EST TOUT»

(Oscar Wilde, écrivain)

Malheur ! Et si vous vous réveillez un jour et vous avez 65 ou 70 ans et vous vous rendez compte que vous n'avez pas fait ce que vous vouliez... vous vous n'êtes pas baigné en vacances parce que vous trouviez vos cuisses trop grosses, vous n'avez pas fait une grosse fête à la maison pour de multiples raisons qui n'ont plus de sens, vous n'avez pas pris un seul weekend pour vous pour juste **rien** faire. Bon, il n'est jamais trop tard, mais il faut vivre, vivre, vivre MAINTENANT... AUJOURD'HUI !

Et planifier, planifier une belle vie pleine de passion, d'amour, de surprises qu'il faut **provoquer.**

Si vous devenez esclave des habitudes et que vous faites toujours le même chemin, que vous portez toujours le même style et couleur de vêtements, la même coupe de cheveux, si vous ne prenez jamais de risques, que vous êtes toujours « sensé » et « responsable », vous perdrez toute joie de vivre. Votre vie sera plate et monotone.

Bien sûr, il existe des personnes qui se contentent d'une telle vie et qui se disent heureuses, tant mieux, on ne peut que le leur souhaiter, mais pour la grande majorité la vie est faite pour vivre, pour rire, pour s'endormir le soir heureux, pour se lever le matin en se réjouissant de la journée à venir.

Je suis sûre que vous avez déjà eu envie de déménager, pas vrai ? Et bien, planifiez un déménagement dans votre tête, fermez les yeux et imaginez la maison, l'endroit, le jardin...

Comme disait Albert Einstein :

« La logique vous mènera d'un point A à un point B, **l'imagination** vous mènera absolument partout »

Vous vous dites sûrement — mais à quoi ça sert d'imaginer de telles choses ? – Essayez et vous verrez que vous vous sentirez heureux avec une paix intérieure quand vous êtes concentré sur quelque chose qui vous plaît, vous allez même peut-être en sourire lorsque vous êtes dans votre imagination ! C'est ça le bonheur aussi ! Des petits moments de bien-être rien que pour vous.

En anglais il existe une chose qui s'appelle un « Bucket list » qui se traduirait en français comme « la liste de tout ce que je souhaite faire avant de mourir » — le nom est certes un peu plus long !!!! – on pourrait aussi l'appeler « la liste de mes désirs/envies/rêves »....

Pourquoi ne pas faire une telle liste ?

En compilant votre liste, vous allez vous rendre compte de plusieurs choses.

- La liste vous donnera un but dans la vie
- La liste vous motivera

• La liste vous fera réfléchir sur vos envies

• La liste sera une base concrète de vos envies

• La liste vous donnera un sentiment de satisfaction.

Prenez un carnet (ou votre téléphone ou tablette) et commencez à noter des choses que vous aimeriez faire dans votre vie. Transformez les « un jour je ferai. » en « C'est sûr, je ferai..... un jour » !!

La liste n'est jamais définitive ni statique, vos envies et buts changent au long de la vie, modifiez-la à votre gré.

Et imaginez-vous en train de faire ce que vous avez écrit.

Planifiez votre vie comme si vous étiez invincible et vivez votre vie comme si vous alliez mourir demain !!

AFFIRMATION

JE DÉCIDE DE CE QUE
JE VAIS FAIRE DE MA VIE !

6

J'AGIS MAINTENANT

Le temps qui nous reste est le même pour nous tous = LE RESTE DE NOTRE VIE.

PROFITONS-EN !!!

« Je fais quelques changements dans ma vie, si tu n'entends plus parler de moi, c'est que tu en fais partie » !!!!!

Oui, l'exemple est peut-être un peu radical, mais pour être heureux et épanoui, il faut un peu d'action. Il faut AGIR.

Vous avez déjà réfléchi à votre Liste d'Envies décrite dans le précédent chapitre ? Oui bien sûr qu'en la compilant il nous semble que ce soit que du rêve.

Mais vous pouvez en faire une réalité, si, si. Si, par exemple, vous avez envie d'apprendre une langue étrangère depuis des années, mais vous ne vous y êtes jamais appliqué. Prenez d'abord du temps POUR VOUS. Ce temps il le faut pour organiser votre projet, pour vous convaincre de votre désir, votre volonté, votre envie de le réaliser. Il est évident qu'au début on se dit que tout ce qui est sur la liste est irréalisable, mais avec un peu d'ACTION vous allez y arriver.

Et l'action que vous prenez inclut tout naturellement l'organisation, les décisions à prendre, le temps que vous y passez....

Un exemple, si vous avez une compagne ou un compagnon que vous n'aimez plus vraiment, qui vous énerve, que font la plupart des gens ? Ils attendent de l'autre qu'il/elle change pour les satisfaire, pour se sentir mieux... mais cela ne se passe jamais bien. L'autre personne ne changera pas. Bien sûr elle peut s'améliorer ou faire des efforts, mais comme on dit, après un certain temps « le naturel reviendra au galop » et c'est précisément là qu'il faut AGIR. Prenez une décision — oui c'est une action — la meilleure pour vous et pour votre bien-être. Ou bien vous acceptez les défauts de l'autre et votre amour grandira ou bien vous rompez.

Et une fois la décision prise, le poids des soucis et les questionnements s'envoleront.

Que la décision soit bonne ou mauvaise, peu importe, la prendre vous amènera déjà autre part et c'est le début d'un nouveau chemin.

Naturellement, pour des raisons financières ou d'organisation, le choix dans ce cas de rompre pourrait sembler impossible, mais si on attend le BON MOMENT, il ne viendra pas, car il n'y a pas de BONS MOMENTS, il n'y a que LE MOMENT PRÉSENT. Ce qui ne veut pas dire qu'il faut prendre les valises et les enfants sur-le-champ et partir !

Mais utilisez le moment présent pour prendre une décision, pour peser les pour et les contre, pour trouver des solutions, toujours avec votre bien-être en tête. Ne comptez pas les jours, mais faites en sorte que chaque jour compte.

Il est surprenant le nombre de raisons qu'on peut trouver pour ne pas agir !

- Ce n'est pas le bon moment

Le bon moment est maintenant

- Je n'ai pas le temps

Faites du temps pour vous — c'est quoi 10 minutes par jour ?

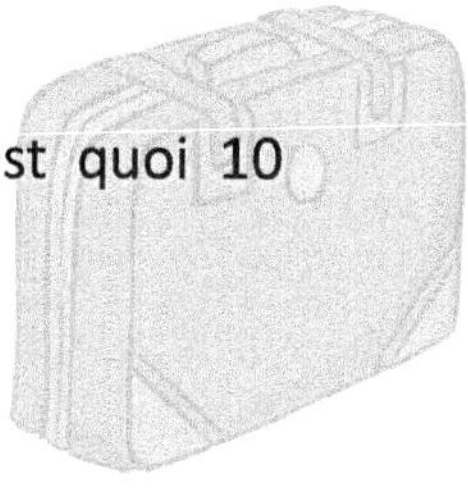

- Je ne sais pas où commencer

N'importe où, mais commencez

- Ça ne marchera pas

Puisque vous n'avez pas encore essayé comment le savez-vous ?

- Je ne sais pas faire

Là où il y a de la volonté, il y a un chemin

- etc., etc., etc.

À MÉDITER

CELUI QUI PREND DES RISQUES NE PERD RIEN, MAIS CELUI QUI NE RISQUE RIEN NE GAGNE JAMAIS RIEN.

AFFIRMATION

JE ME CONCENTRE SUR LES SOLUTIONS, PAS SUR LES PROBLÈMES ET J'AGIS EN FONCTION !!

LES AFFIRMATIONS

Vous trouverez un peu partout dans ce livre des affirmations et d'autres dans ce chapitre, mais libre à vous d'en créer pour vous-même. Quelle est la définition d'une affirmation ?

C'est une phrase très simple, très courte et surtout POSITIVE dans laquelle vous exprimez ce que vous voulez faire, avoir, sentir ou être.

Une affirmation doit être répétée souvent, dans la tête, à voix haute, peu importe, pour y croire.

Les affirmations sont évidemment toujours positives et sont faites au présent, le but étant de se sentir mieux en les répétant... souvent ! Et jusqu'à y croire.

Par exemple, une affirmation pourrait être : **« aujourd'hui je suis heureux »,** mais non pas **« aujourd'hui je ne serai pas malheureux ».**

Ou bien :

« mon dos va de mieux en mieux », mais non pas **« je n'ai plus mal au dos ».**

Il faut bannir le négatif de toutes vos affirmations.

Dans le dictionnaire, la définition du mot AFFIRMATION est :

**Le fait d’affirmer, d’énoncer une vérité indiscutable**

Et c’est le mot *indiscutable* qui est important, lorsque vous répétez une affirmation, croyez-y dur comme fer, ne discutez pas avec vous même pour en douter. Et si vous doutez quand même en disant par exemple « je suis le meilleur », essayez « je m’améliore tous les jours ».

- *Allez, on y va et on y croît !!!!!*

- Aujourd’hui est le meilleur jour de ma vie !

- Je serai fier de moi aujourd’hui !

- Oui je peux !

- Mon bonheur est ma responsabilité !

- À chaque problème, sa solution !

- Je suis mon meilleur ami !

- Je m’apprécie !

- La vie est belle et tout va bien !

Faites la liste de vos affirmations positives :

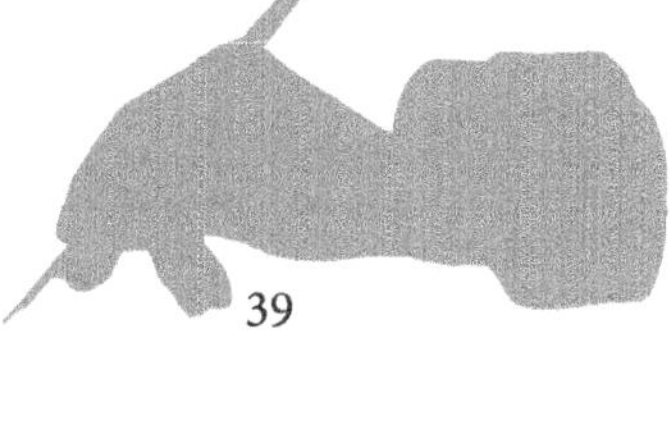

HISTOIRES

ALICE venait de se faire quitter par son compagnon et elle y pensait jour et nuit, quoi de plus normal, elle se demandait ce qu'il faisait, pourquoi il l'a quittée, elle le maudissait, bref, elle gâchait sa vie avec toutes ces pensées. Penser négativement à ce qui aurait pu être, penser négativement à ce qui s'est passé ne servait pas à grand-chose. Elle a décidé de se prendre en main, chaque fois que son ex rentrait dans sa tête, elle laissait passer la pensée et se concentrait sur une des passions qu'elle avait laissé tomber pendant son aventure avec lui, la couture. Elle imaginait les vêtements qu'elle allait se faire, la petite robe qu'elle allait coudre pour sa filleule, le doudou qu'elle allait confectionner pour son neveu. Elle se chouchoutait en préparant un bon bain, elle rangeait ses placards. En fait, elle se concentrait sur le moment présent, elle vivait au lieu de se morfondre sur le passé.

Qui veut discuter avec une personne râleuse, amère, négative ? Si on n'est pas heureux soi-même, on n'a pas grand-chose à donner aux autres. Tout le monde adore rencontrer une personne qui sourit, qui est heureuse, qui écoute, qui respire le bonheur. Si vous avez de belles pensées à l'intérieur de votre tête, elles brilleront comme des rayons de soleil à l'extérieur !

....

LAETICIA était en surpoids, et depuis longtemps. Elle ne se regardait plus dans le miroir sauf habillée. Quand elle se regardait, une petite voix dans sa tête lui disait « tu me dégoûtes, tu es grosse et moche ». Du coup, elle déprimait, elle était de mauvaise humeur, elle gâchait sa propre vie.

Et puis elle a reçu un coffret « bien-être » pour son anniversaire ! Pour un massage et un soin visage.

Et bien sûr, elle n'avait aucune envie d'y aller et de dévoiler son corps.

En somme, elle réagissait par rapport au regard des autres.

Encouragée par ses copines, elle a pris rendez-vous et elle est allée au spa. Que c'était bon le massage ! La masseuse était très douce et a complimenté la peau douce de Laeticia. « Oui, mais je suis quand même grosse... » dit-elle.

Et la masseuse répondit « Mais ce n'est pas grave, rien n'est grave, vous pouvez perdre du poids si votre corps ne vous plaît pas, il faut se motiver ! On a beaucoup de clientes qui perdent du poids et qui viennent ici pour se faire plaisir.

Ou bien apprenez à aimer le corps que vous avez.... »

Et ce fut le déclic... tout d'un coup, Laeticia s'est détendue, elle s'est dit qu'elle pouvait perdre du poids si elle voulait puisque d'autres l'ont fait et elle commençait à faire un plan dans sa tête tout de suite — et elle se sentait excitée, elle avait un projet, un challenge, un but !

6 mois après quand elle est revenue au spa, la masseuse ne l'a pas reconnue !!!!!

Il faut aimer son corps, il faut voir les bons points et non pas seulement les « mauvais » ou les choses que nous n'aimons pas. Il faut s'aimer en entier. Faites une liste avec tous vos bons points — vos cheveux, vos jambes, vos dents, votre sourire, vos yeux, vos seins, votre torse.... et ne notez pas ce que vous n'aimez pas. Apprenez plutôt à vous apprécier, à vous aimer.

....

C'est drôle comme les choses arrivent quand on s'y attend le moins. **MARTIN** était célibataire depuis un moment. La rupture qui s'était mal passée l'a rendu triste et comme la plupart des gens font après une rupture, il est resté chez lui à se morfondre. Heureusement pour lui, ses copains l'ont sorti, il a fait du sport, il est sorti le soir, mais, et presque tout le monde a eu la sensation à un moment ou un autre, au fond de lui il se sentait SEUL. Il se disait qu'il ne trouverait jamais une autre femme, la perle rare avec qui il pourrait faire sa vie. Il le pensait sans cesse et comme une affirmation, à force de le dire, il y croyait parce que, après tout, une croyance n'est toujours qu'une pensée qu'on a répété et répété...

Et puis il a changé de travail et dans la foulée il a déménagé plus près de son nouveau travail. Entre le déménagement et le nouveau travail, il était occupé et toutes ses pensées et son énergie étaient concentrées sur sa nouvelle situation.

Et il n'a plus pensé à sa situation amoureuse, il a lâché prise....

Dans ce cas, Martin a lâché prise, car il était occupé ailleurs, il aurait pu le faire en trouvant une distraction amusante ailleurs, mais le résultat aurait été le même, il a arrêté de penser au manque, il s'est concentré sur le présent et il a lâché prise.

Et devinez quoi ? Il a rencontré le grand amour quelques semaines plus tard, juste au moment où il s'y attendait le moins !!

....

ÉLIANE avait 50 ans, son travail l'ennuyait, elle avait divorcé 4 ans auparavant, son fils venait de partir de la maison pour s'installer avec sa compagne, bref, elle n'était vraiment pas bien et se sentait seule. L'histoire de beaucoup de personnes.

Un soir elle regardait un feuilleton à la télé, l'histoire tournait autour d'un homme qui se rend compte qu'il a la maladie d'Alzheimer.

Après le choc initial, il décide de vivre chaque jour du reste de sa vie comme un jour de FÊTE !!

Il voulait faire quelque chose de nouveau tous les jours, il voulait s'amuser, s'éclater, être heureux.

Voilà une bonne idée, pensait-elle. Je vais profiter du temps qui me reste !

Pour commencer, elle a fait une liste de tout ce qu'elle a toujours voulu faire et qu'elle n'a jamais eu le temps de faire, une liste de ses envies. Et comme une chose mène à une autre... en s'entraînant pour le saut en parachute, en faisant une randonnée, elle a rencontré d'autres personnes, elle s'est fait des amies et elle a profité de chaque jour. Même son travail l'ennuyait moins.

Le secret est là — lorsqu'on n'est pas bien, il faut avancer, il faut se distraire, penser à autre chose, et oui, le bonheur est bel et bien dans la tête !!!

COMMENT RESTER HEUREUX ?

7

L'AMOUR L'AMOUR TOUJOURS !!!

LES GENS SONT FAITS POUR ÊTRE AIMÉS, LES CHOSES POUR ÊTRE UTILISÉES — LA CONFUSION DANS CE MONDE FAIT QUE LES GENS SONT UTILISÉS ET LES CHOSES SONT AIMÉES...

Amour, Love, Amor, Amore, Liebe..... C'est universel !

Si vous aimez quelqu'un et vous ne savez pas pourquoi, c'est ça le vrai amour inconditionnel. Pour les autres et pour soi-même. Et si quelqu'un vous aime de la même façon, vous n'aurez pas besoin de changer pour lui ou elle.

Il faut juste 3 secondes pour dire **JE T'AIME !!** Et ça fait tellement plaisir ! Et ça peut changer une vie, quelques petits mots de gentillesse et la personne en face se sent immédiatement bien ! Après tout, le plus grand souhait de tous est de se sentir bien.

Pensez à le dire aujourd'hui à quelqu'un pour mettre de l'amour dans votre vie et dans la leur !

Si vous avez des enfants, dites à vos enfants que vous les aimez, il y a tellement de parents qui ne le disent pas et tellement d'enfants qui n'attendent que cette toute petite phrase.

L'amour et la générosité vont de pair. Soyez généreux et faites des sourires à des inconnus aujourd'hui — c'est gratuit et ça marche. La plupart du temps vous aurez un sourire en retour. Laissez passer une voiture au rond-point, laissez passer une personne à la caisse du supermarché, dites merci avec un grand sourire au chauffeur du bus ou à l'hôtesse de caisse, faites un compliment...

Toutes ces petites choses anodines ne demandent pas un grand effort, mais ont un grand effet. Tout le monde se sentira mieux, se sentira apprécié et donc aimé. Et si vous pouvez améliorer la journée de quelqu'un qui répercute sa bonne humeur ailleurs, le monde ne peut qu'aller mieux et surtout, vous, vous allez vous sentir bien ! Et si tout le monde s'y mettait, on aura un monde plein d'amour !!

Comme on dit, pour vivre on a besoin de deux choses : l'amour et la liberté. On a le choix de les mettre en pratique ou non, choisissez le OUI !!!!!

Quand on se rend compte que ce que veulent la plupart des gens **le plus** au monde est de se sentir bien et qu'on réalise qu'on peut en fait les aider avec quelques mots d'amour et de gentillesse, on se rend compte que le monde est réellement très simple et que le plus important est l'AMOUR. L'amour des autres, mais surtout l'amour de soi-même (nous en parlerons dans le prochain chapitre).

Imaginez le monde si les 7 milliards d'habitants de notre belle planète **S'AIMAIENT** !!! Juste ça....

Comme disait Saint-Augustin dans Les Confessions :

« Quand l'amour grandit en toi, la beauté fait de même. Car l'amour est la beauté de l'âme ».

Autrement dit, ce qui se passe à l'intérieur se voit à l'extérieur !

On a tous entendu un jour « oh la la, elle rayonne, elle doit être amoureuse !! » Le sentiment d'amour, d'aimer et de se sentir aimé rend beau/belle.

Le saviez-vous ? Les actes de gentillesses peuvent même prolonger votre espérance de vie !!! De nombreuses études scientifiques l'ont constaté !

AFFIRMATION

Je suis entouré d'amour

8

JE M'AIME

SI VOUS CHERCHEZ LA PERSONNE QUI RÉUSSIRA À VOUS RENDRE HEUREUX, REGARDEZ-VOUS DANS LE MIROIR

Il faut l'avouer, on a presque toutes et tous la fâcheuse tendance de traiter les autres mieux que soi-même ! Quand on sert le repas, on donne les meilleurs morceaux aux autres, quand on fait les courses on achète de bons petits trucs pour les enfants.... c'est très bien, mais dans la foulée il ne faut pas non plus s'oublier.

S'aimer n'est pas facile, c'est même souvent très difficile. L'estime de soi est très importante, et heureusement ça s'apprend ! Il y a une multitude de choses qu'on peut faire pour augmenter et entretenir son estime de soi et nous allons traiter ce sujet avec soin dans ce chapitre.

Faisons d'abord un petit test, placez-vous devant un miroir, regardez-vous dans les yeux et dites « je t'aime »... répétez-le plusieurs fois, qu'est-ce que cela vous fait comme effet ? Pour la plupart des gens, c'est un exercice assez difficile, car on a tendance à se critiquer (surtout les femmes !). Chaque fois que vous voyez votre reflet dans un miroir, dites vous bonjour, souriez, faites vous un clin d'œil !

On se critique depuis des années, mais cela n'a rien changé, essayons l'admiration pour voir ce qui se passe !!

L'estime de soi se construit (ou se déconstruit) surtout pendant l'enfance. L'amour inconditionnel pour un enfant pour ce qu'il est, et non pas par rapport à ses résultats ou en fonction de son comportement, y contribue. Et de petites phrases dans l'enfance ont un effet certain, soit positif, soit négatif. Si vous demandez à un enfant d'environ 3 ans qui est la plus belle/le plus beau, l'enfant va se désigner parce que nous sommes tous nés avec un amour énorme pour nous-mêmes, c'est l'environnement qui par la suite va le détruire ou pas.

En même temps les parents font de leur mieux et ils veulent souvent que leurs enfants réussissent mieux qu'eux-mêmes. Mais personne n'est parfait et en vouloir à quelqu'un pour vos propres problèmes d'estime de vous-même n'arrangera rien.

Un jeune garçon qui a maintenant 17 ans a surpris tout son entourage en annonçant récemment qu'il voulait devenir professeur ! Un jeune, qui jusqu'à ce moment-là ne s'intéressait qu'aux jeux vidéos, son ordinateur et ses copains. Quand sa mère lui a posé la question pour connaître la raison de sa décision, il a répondu que c'était grâce à l'institutrice qu'il avait en primaire qui l'avait toujours félicité pour son travail et pour sa facilité à aider ses copains de classe et qui lui a dit qu'un jour il ferait un bon professeur !! Cette phrase est restée. Du coup, et de son propre gré, il a écrit une lettre à cette institutrice en la remerciant de l'avoir aidé à trouver sa voie ! Jolie histoire !!

Comme quoi une petite phrase peut changer une vie...

Si vous n'avez pas une très grande estime de vous — comme beaucoup beaucoup de personne d'ailleurs, il ne faut pas désespérer !!!!

L'estime de soi s'apprend, il n'y a pas de remède immédiat et miraculeux, mais une multitude de petites choses qu'on peut faire. Après tout, on a appris à ne plus en avoir, on peut alors apprendre à en avoir de nouveau ! Si on sent qu'on ne MÉRITE pas l'amour, le bonheur, l'argent, le succès, c'est parce qu'on a appris cela.

Le manque d'estime de soi vient souvent à cause de notre physique, parlons-en :

Choisissez 3 parties de votre corps que vous trouvez belles, ça peut être vos cheveux, vos pieds, votre peau ou même votre voix. Pendant une semaine, pensez à ces trois points souvent, admirez-les, focalisez toute votre attention uniquement sur les trois. Les exercices mentaux comme celui-ci sont un peu comme l'exercice physique, il faut être constant, le résultat ne vient pas après une seule séance !

Et vous remarquerez qu'à force de penser et admirer ce qui vous plaît, vous verrez beaucoup moins ce qui ne vous plaît pas !

À MÉDITER

ON N'A RIEN À DONNER AUX AUTRES SI ON N'EST PAS BIEN SOI-MÊME

Lisez cette liste :

- Aimez-vous et respectez-vous
- Ne parlez jamais du mal de vous-même
- Soyez patient avec vous-même
- Prenez soin de vous-même
- Faites-vous plaisir
- Soyez attentif à votre bien-être

Alors ? Et oui, il y a sûrement des efforts à faire !! Mais vous pouvez le faire, car vous MÉRITEZ d'être heureux, bien dans votre peau !

Et lorsqu'on s'aime, la vie est plus belle. Réfléchissez à ces deux façons de faire :

On se lève le matin, on est de bonne humeur, on chante sous la douche, on s'habille dans des vêtements qu'on adore, on apprécie ce que le miroir nous renvoie, on prend un bon petit déjeuner et qu'est-ce qu'il se passe ? On sort la tête haute, on a le pas léger, on est bien, on sourit et très souvent, la journée entière se passe de la même façon, joyeuse, légère, bien quoi... et pourquoi ? Parce qu'on est content de soi, on s'estime, on s'aime.

Et maintenant le contraire : on se lève de mauvaise humeur, on s'habille avec les premiers habits qui nous tombent sous la main, on regarde dans la glace, bof, tant pis, je suis moche de toute façon, on sort, tête baissée, pas de sourire et la journée se passe comment ? Pas besoin de décrire la suite......

Rappelez-vous, l'unique personne qui vous accompagne toute votre vie c'est VOUS ! Soyez votre meilleur ami !

AFFIRMATION

CHAQUE JOUR JE ME SENS DE MIEUX EN MIEUX

9

LA PEUR MÊME PAS !!!

La peur — vaste sujet.

On entend souvent parler de « zone de confort ». La zone de confort est l'endroit où on se sent bien, on ne prend pas de risques, on ne change rien, et on n'a pas PEUR.

À MÉDITER

Le Courage est la Maîtrise de la Peur, et non pas l'Absence de Peur

Mark Twain (Les Aventures de Tom Sawyer)

Vivre dans la peur empêche le changement et le changement fait avancer. Cherchez dans vos souvenirs une situation où vous aviez peur, vraiment peur, de quelque chose, mais vous l'avez fait quand même, vous vous êtes jeté à l'eau. Par exemple lorsque vous étiez enfant et vous aviez peur de sauter du plongeoir de 3 mètres, mais comme tous les copains et les copines l'avaient déjà fait, vous aussi vous l'avez fait. Vous aviez trouvé le COURAGE de le faire, la peur était encore là, mais vous l'avez fait quand même. Comment vous sentiez-vous après ? Mieux ? Et la confiance en vous ?

Ou la première fois que vous avez parlé devant d'autres personnes, à l'école devant toute la classe ou dans une réunion. Mais à force de le faire, la peur a été vaincue et tout devient facile et surtout vous êtes fier de vous !!

La peur de l'avenir est sûrement la plus grosse peur qui existe et celle qui gâche la vie. Vous le voyez partout, sur internet, dans les médias, les magazines, il faut vivre dans le présent (voir chapitre 1) = la pleine conscience (en anglais « mindfulness »). La tendance actuelle est de présenter cette façon de penser comme une mode, mais cela a toujours existé, partout, dans toutes les civilisations.

Marc Aurèle, l'empereur romain, écrit : **« Ce qui importe c'est le présent, ce n'est ni le futur ni le passé qui te sont à charge, mais toujours le présent ».**

La société actuelle nous encourage à avoir peur, peur de tout. Peur de rater sa vie parce qu'on est gros, parce qu'on ne gagne pas assez, peur de l'avenir, peur du regard des autres, peur de vieillir.... En somme **PEUR D'ÊTRE À LA HAUTEUR.**

Et avec cette peur, on se sent diminué et on perd confiance en soi, car on a le sentiment de ne pas maîtriser sa propre vie. Et la SEULE et UNIQUE façon de surmonter cette peur est de vivre dans le présent, maintenant, maintenant, maintenant.......

La prochaine fois que vous avez peur, posez-vous la question suivante - que peut-il m'arriver de pire si je fais ce dont j'ai peur ? Écrivez les réponses si cela vous aide. Vous verrez que la peur diminue tout d'un coup, que vous vous rendrez compte que tant que vous êtes en vie vous vous en sortirez quand même.

Une infirmière qui travaillait depuis un certain temps au sein d'un service de soins palliatifs raconte les plus grands regrets de personnes mourantes :

- **J'aurais dû avoir le courage de vivre ma vie comme je l'entendais et non pas comme on m'a dit de faire.**

En effet on a peur du regard des autres et par conséquent on ne vit pas la vie qu'on veut.

- **J'ai trop travaillé, j'ai raté beaucoup de choses.**

On a peur de ne pas avoir assez d'argent pour amasser des « choses ». Osez simplifier votre vie et préférez la qualité à la quantité. Passez du bon temps en famille, faites du sport, amusez-vous !!!

- **Je n'ai pas exprimé mes sentiments par peur de déranger.**

On a peur de dire ce qu'on pense. On se plie aux désirs de l'autre par peur de dire non. On a peur de dire qu'on aime par crainte d'être rejeté. Trouvez le courage de dire ce que vous pensez, exprimez-vous.

- **J'aurais aimé avoir une vie remplie de bonheur. J'aurais voulu m'amuser davantage.**

C'est triste, mais c'est souvent vers la fin de la vie qu'on se rend compte que le bonheur EST UN CHOIX. Le bonheur n'est pas un état permanent, mais une suite de moments et d'instants qu'il faut savoir saisir. On reste dans nos habitudes même si elles nous ennuient, on a peur du changement. Trouvez les choses qui vous font vibrer et faites-les le plus souvent possible.

NE LAISSEZ PAS LA PEUR PRENDRE LES DÉCISIONS À VOTRE PLACE !

AFFIRMATION

AUJOURD'HUI JE N'AI PEUR DE RIEN !

10

AUTOUR DE MOI MOI ET LES AUTRES

Lorsque je dis « autour de moi » je veux bien sûr parler des personnes autour de vous, c'est-à-dire, tout le monde, sauf vous-même.

À presque tout moment de la journée, on interagit avec d'autres personnes, les enfants, la famille, les collègues, les anonymes qu'on croise...

Le contact avec les autres est très important, l'être humain est un être sociable et il a besoin du contact avec les autres. Mais de temps en temps ce contact est néfaste, une personne vous parle mal, vous insulte, ne vous respecte pas et hop ! vous êtes de mauvaise humeur, la journée est gâchée.

Et c'est bien là qu'il faut être vigilant, il ne faut pas que les autres aient un effet néfaste sur vous, il ne faut pas que votre bonheur dépende des actions ou des paroles des autres, votre bonheur vient de l'intérieur. C'est une phrase qu'on entend souvent — le bonheur vient de l'intérieur — mais encore faut-il savoir le gérer ce bonheur et c'est ce que je vais vous expliquer pour que votre vie soit meilleure !

La peur d'être rejeté est quelque chose de génétique, probablement du temps où être rejeté voulait dire qu'on ne faisait plus partie du « groupe » et qu'on allait mourir de faim. C'est donc totalement normal de se sentir affecté par les réactions des autres et de vouloir se sentir apprécié et aimé par tous.

Le regard des autres peut être tellement important pour une personne qu'ils vivront leur vie en fonction. Avant d'être conscient d'exister comme personne, on s'en fichait des autres — regardez les enfants pour vous en rendre compte. Quand ils sont tristes ou fâchés, ils pleurent, mais à (très !) haute voix. Quand ils sont heureux, ils dansent et sautent et courent. Ils ne se préoccupent pas du regard des autres, ils n'en ont pas conscience.

On ne peut pas faire plaisir à tout le monde, il y aura toujours quelqu'un pour juger, pour critiquer, pour se moquer de vous.

Il ne faut pas avoir peur de faire quelque chose par crainte que les autres vous jugent, ils vont vous juger quand même.

Une mère marchait dans le hall d'un aéroport avec ses deux ados. Elle marchait vite et leur parlait fort et les deux ados lui disaient de se taire. « Les gens nous regardent », disaient-ils. Alors elle s'est arrêtée net et leur a demandé de bien regarder la foule autour d'eux. « Regardez tous ces gens. Vous en connaissez ? Non. Vous les reverrez un jour ? Probablement jamais. Vous êtes intéressants pour eux ? Non. »

Et c'est difficile de vivre sa vie comme on l'entend, de faire abstraction des réactions des autres, mais c'est possible si on s'aime assez et si on a confiance en soi. Cela ne veut pas dire de ne plus interagir avec les autres bien sûr !

Mais il ne faut pas attendre les compliments pour se sentir bien, il ne faut pas tomber en larmes si on vous crie dessus.

Il est très facile de critiquer et c'est quasiment un sport national de nos jours, mais la critique est l'avis de l'autre, ce n'est pas vous.

Si aujourd'hui on vous énerve, dites-vous qu'il y a 7 milliards de personnes dans le monde, et que ce n'est pas une seule parmi elles qui va vous gâcher votre journée !!

À MÉDITER :

QUE VOUS M'AIMEZ OU QUE VOUS ME DÉTESTEZ, ÇA M'EST ÉGAL... SI VOUS M'AIMEZ JE SERAI DANS VOTRE CŒUR ET SI VOUS ME DÉTESTEZ, JE SERAI DANS VOTRE TÊTE...

AFFIRMATION

AUJOURD'HUI JE SUIS MOI-MÊME
ET ÇA SUFFIT

11

OSER DIRE NON

NON — le mot qu'on n'arrive pas à dire.

C'est certain qu'il vous est arrivé, comme à presque tout le monde, de dire OUI à quelqu'un quand en vérité on voulait dire NON. Et pourquoi on a fait ça ? Les raisons sont multiples :

- Pour ne pas se sentir coupable
- Par peur de se faire mal voir
- Par manque d'assurance (timidité)
- Pour être aimé et apprécié
- Par peur d'être jugé
- Par peur du conflit, etc.

Dire NON s'apprend et ce n'est pas du tout égoïste de penser à soi en premier. Au contraire. S'écouter et se respecter d'abord est très positif. En disant non, vous allez augmenter votre respect pour vous-même et votre confiance en vous, dire oui lorsque vous n'en avez pas envie vous donnera un sentiment de laisser les autres profiter de vous, de frustration voire de soumission.

Bien sûr pour dire non il faut un peu de tact. Si on vous demande quelque chose et vous n'avez pas envie de dire oui, dites non le plus tôt possible, ne laissez pas traîner votre réponse. Expliquez brièvement pourquoi vous dites non et proposez une autre solution.

Par exemple un ami vous demande de lui prêter de l'argent.

Vous aimeriez l'aider, vous avez l'argent, mais vous savez que dans le passé il en a emprunté à quelqu'un d'autre et c'était la croix et la bannière pour le récupérer.

Votre réponse pourrait être : « j'aimerais bien, mais en général je ne prête pas aux amis (il ne se sent pas visé). Tes parents ne peuvent pas t'aider ? » (Autre solution.)

De plus, si l'ami en question ne rembourse pas en temps et en heure, votre relation amicale sera compromise.

Pourquoi on n'arrive pas à dire non ?

Enfant, on nous a appris à dire oui. À l'école pour faire partie du groupe d'amis, on dit oui à tout. Au travail, pour se faire bien voir par le patron ou pour apprendre de nouvelles compétences, on dit oui.

Et lorsqu'on dit non, on se sent coupable, on a l'impression de laisser tomber la personne en face.

Mais il faut se rappeler :

- ses propres convictions
- ses priorités
- son respect pour soi-même

La collègue de travail vous appelle le soir pour discuter de la journée et vous savez que la conversation va durer longtemps, vous n'en avez pas envie, vous avez envie de passer du temps avec vos enfants. Restez poli, dites-lui que vous êtes occupé, fermement, mais poliment, proposez autre chose, un déjeuner

le lendemain, mais restez ferme, votre temps et le vôtre et vous avez le droit de faire comme vous le désirez.

Le voisin a cassé sa voiture, il vous demande de lui prêter la vôtre, il n'a pas d'autres solutions. Vous ne prêtez jamais votre voiture, même pas à votre mère. Dites-lui exactement ça, que vous ne prêtez jamais votre voiture, que vous pouvez l'emmener quelque part et que vous êtes sûr qu'il peut comprendre. Vous ne pouvez pas être le sauveur de tout le monde.

Entraînez-vous à dire non. Rappelez-vous des situations où vous avez dit oui et que vous vous êtes mordu la langue deux secondes après. Maintenant, visualisez la situation comme si vous aviez dit non, poliment et fermement. Vous voyez ? Ce n'est pas si grave et franchement si la personne en face ne comprend pas ou prend mal votre refus, elle n'en vaut pas la peine.

AFFIRMATION

Aujourd'hui je dis oui à moi-même

À MÉDITER

Voici quelques expressions et phrases à méditer. Lisez-en une de temps en temps et réfléchissez-y !!

Si aujourd'hui était le dernier jour de votre vie, feriez-vous toujours ce que vous aviez l'intention de faire aujourd'hui ?

Le bonheur est un état d'esprit

Le premier pas vers autre chose est de décider que vous ne voulez plus rester là où vous êtes

Hier je me croyais malin en voulant changer le monde, aujourd'hui je suis intelligent et je me change moi.

On ne médite pas pour changer les choses. On médite pour ne plus avoir besoin de choses à changer.

Il y a des personnes qui veulent être riches, belles, célèbres. **MOI ?** Je veux juste être heureux !!

Il y a tant de choses que vous POURRIEZ faire dans votre vie si vous vous arrêtiez de vous inquiéter au sujet de ce que vous DEVRIEZ faire.

La décision la plus importante de cette journée est de décider d'être de bonne humeur !!

En ne changeant rien, rien ne change.

La phrase la plus dangereuse est « on a toujours fait comme ça »....

Votre meilleur enseignement est votre dernière erreur.

Lâchez du lest !!

Je souris.

On ne connait jamais sa force jusqu'au jour où être fort est le seul choix qui nous reste.

Votre esprit est un jardin, vos pensées sont des graines. À vous de choisir de faire pousser des fleurs ou des mauvaises herbes.

Le meilleur est encore à venir

J'ai le choix !

Vivez pour ce que demain a à vous offrir et non pour ce qu'hier vous a enlevé.

Je voudrais vivre ma prochaine vie à l'envers. Je commence mort et je reviens à la vie pour me trouver en maison de retraite. Ma santé s'améliore de jour en jour et étant de trop bonne santé, je suis éjectée de l'établissement. Je vis quelques années avec ma retraite qui tombe tous les mois sur mon compte. Je commence à travailler et le premier jour on me fait la fête et on me donne des cadeaux pour fêter mon arrivée. Je travaille pendant 40 ans et j'arrête. Je fais la fête, je bois, je drague, je m'amuse avec mes copains et je commence mes études, puis le lycée, le collège et enfin je vais en primaire. Je n'ai pas de responsabilités, je joue, on me nourrit, on s'occupe de moi. Et puis je deviens bébé jusqu'à ma naissance. Et je passe les neuf derniers mois dans un bain chaud avec chauffage et room-service et en plus mes quartiers s'agrandissent de jour en jour et puis ma vie se termine en orgasme !

Et pour terminer,
à partir de MAINTENANT,
je vous souhaite

12 mois de Bonheur,

52 semaines de Rigolade,

365 jours de Succès,

8760 heures de Bonne Santé,

525 600 minutes de Chance et

31 536 000 secondes de Joie !!!

POSTFACE

Pour bien illustrer le thème de ce livre, j'ai envie de rajouter quelque chose. En écrivant ceci, je suis en train de regarder le concert à Toulouse pour la fête de la musique (à la télévision, je n'y suis pas avec mon ordi !!)
Et je regarde les visages du public et des artistes et tous, sauf exception, ont la tête du bonheur parce qu'ils sont en train de vivre dans le moment présent !!

C'est ça la vie, être heureux MAINTENANT dans tout ce qu'on fait !

TABLE DES MATIÈRES

Introduction 5

PARTIE 1 — **COMMENT ÊTRE HEUREUX ?** 9

Chapitre 1 : Mes Pensées 11
Chapitre 2 : Le matin et le soir 16
Chapitre 3 : J'apprécie et Je remercie 21
Chapitre 4 : Je rêve 25
Chapitre 5 : Je planifie 29
Chapitre 6 : J'agis 33

Affirmations 37
Des histoires de la vie 40

PARTIE 2 — **COMMENT RESTER HEUREUX ?**47

Chapitre 1 : L'amour 49
Chapitre 2 : Je m'aime 53
Chapitre 3 : La peur 59
Chapitre 4 : Autour de moi 64
Chapitre 5 : Oser 68

À méditer 72

Postface 77

Achevé d'imprimer en décembre 2017
sur les presses de la Nouvelle Imprimerie Laballery
58500 Clamecy
Dépôt légal : décembre 2017
Numéro d'impression : 711047

Imprimé en France

La Nouvelle Imprimerie Laballery est titulaire de la marque Imprim'Vert®